WINDGESANG
LYRIK UND MEHR

Text: Götz Schulz
Illustrationen: Grigori Alexejew

Bibliografische Information Der Deutschen Bibliothek:
Die Deutsche Bibliothek verzeichnet diese Publikation in der
Deutschen Nationalbibliografie; detaillierte bibliografische Daten
sind im Internet über http://dnb.ddb.de abrufbar.

Herstellung und Verlag: Books on Demand GmbH,
Norderstedt

ISBN 3-8334-3736-7

Ich bin kein großer Dichter ich weiß
im herbstlichen Sturm sicherlich
singt der Wind
den sterbenden Blättern der Bäume
weit schönere Lieder als ich

Inhalt

Das Gesicht
des Frühlings

Himmelblaue Pupillen
in den Augen
eisgrauer Tümpel
mageres Gestrüpp
der Augenbrauen
pinselt sattes Grün
in der dunklen
Höhle des Mundes
nisten bunte Vögel

Der Frühling und der Tod

Frühling ist's
wenn selbst der Tod
am Bächlein stehen bleibt
und sich erstaunt
die Augen reibt
weil ihn im Wasser
Sonnensterne blenden

Frühling ist's
wenn selbst der Tod
am Wegesrand
sich niederbeugt
und neu gebor'ne Blümlein
ehrfuchtsvoll beäugt

Frühling ist's
wenn selbst der Tod
schnuppert in die milde Luft
und sich ergötzt
an ihrem Duft

Frühling ist's
wenn selbst der Tod
auf seinem Rundgang
kurz verweilt
und Frühling bleibt's
auch wenn er
wieder weiter eilt

Miss Frühling

Bezaubernde Schöne
mit sanften Augen
aus Himmelsblau
Windgesang
in Deiner Halskette
aus rankendem Grün
Dein Herz
eine Sonnenkugel
unter duftiger Schärpe
aus Blütenblättern

Valentinstag

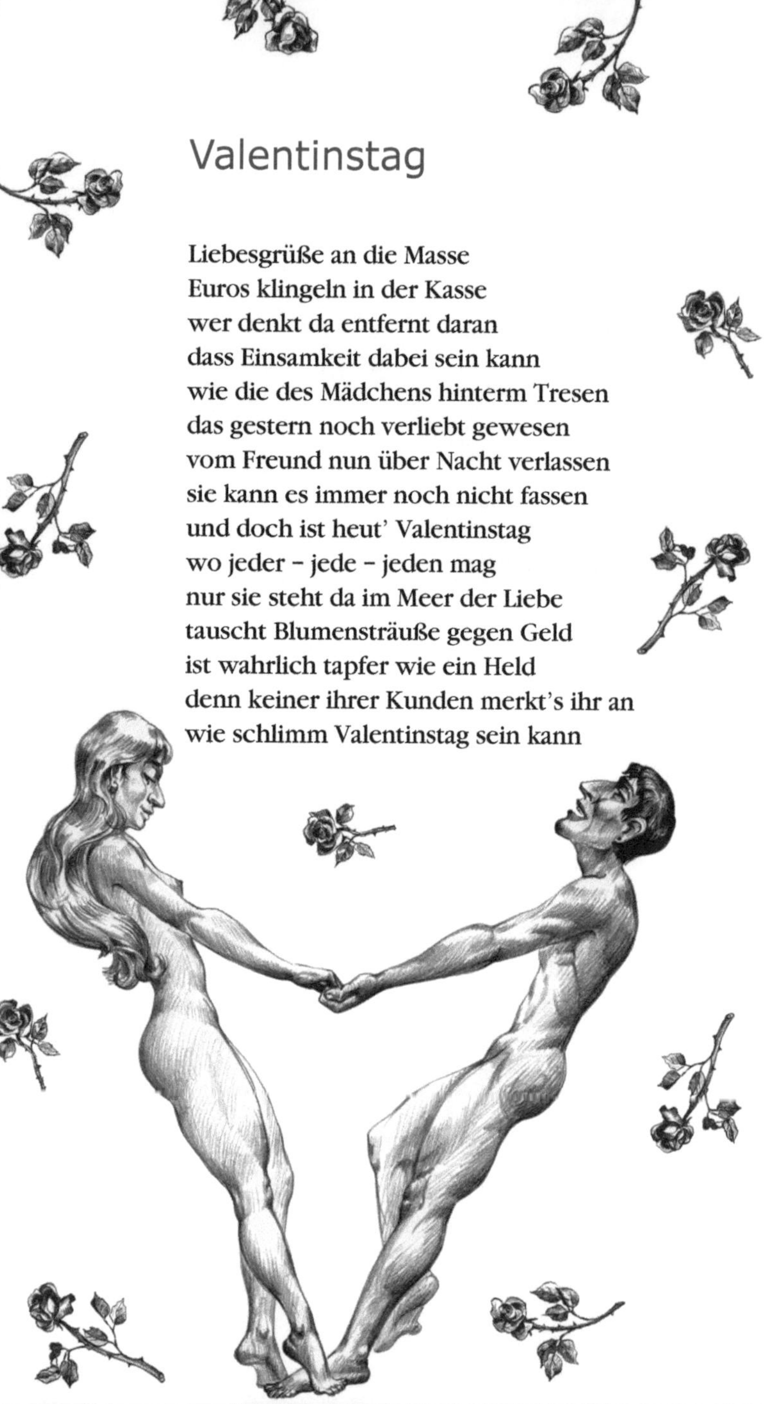

Liebesgrüße an die Masse
Euros klingeln in der Kasse
wer denkt da entfernt daran
dass Einsamkeit dabei sein kann
wie die des Mädchens hinterm Tresen
das gestern noch verliebt gewesen
vom Freund nun über Nacht verlassen
sie kann es immer noch nicht fassen
und doch ist heut' Valentinstag
wo jeder – jede – jeden mag
nur sie steht da im Meer der Liebe
tauscht Blumensträuße gegen Geld
ist wahrlich tapfer wie ein Held
denn keiner ihrer Kunden merkt's ihr an
wie schlimm Valentinstag sein kann

Schöne Fremde

Ich kenne Dich nicht
wir sitzen uns nur
in der U-Bahn gegenüber
Es ist kalt in Deutschland
aber Deine Haut sieht warm aus
vielleicht weil sie nicht weiß ist
weiß ist nur der Schnee
Deine Augen sind aus Samt
und Deine Pupillen
haben Konturen aus Licht
wie die Sonne über dem Land
aus dem Du geflohen bist
vielleicht war es Afrika
oder noch weiter weg
Die Menschen um uns herum
schauen Dich nicht an
sie haben Angst
sich an Deinen Augen
zu verbrennen
denn ihre eigenen
sind aus Eis
Ich kenne Dich nicht
aber wenn Du an ihren Augen
ausrutschen solltest
dann lass' Dich einfach fallen
Ich fange Dich auf

Du

Dein Atem
lässt eine Knospe erblühen
Dein Herzschlag
einen Schmetterling swingen
Dein Blick
einen Mauerstein glühen
Dein Mund
ein Maiglöckchen singen

Erst ahnt' ich's nur
jetzt weiß ich's schon
Du bist der Frühling
in Person

Die Knospe
die nicht blühen will

Der Frühling ist da
so schallt es aus dem Oberhaus
ihr faulen Typen jetzt geht's raus
die kleine Knospe erschrickt da schon
gefällt ihr nicht, der scharfe Ton
doch gut denkt sie
und streckt einmal den Kopf heraus
nur so zum schnuppern
wie schaut's draußen aus
vom Himmel fallen weiße Flocken
die kleine Knospe ist erschrocken
es pfeift der Wind so unverschämt
dass ihr das Gucken schon vergrämt
mein Gott soll das wohl alles sein
mach ich mich dafür frühlingsfein
da bleib ich lieber innen drin
da weiß ich schließlich wo ich bin
die kleine Knospe zieht sich voll zurück
und das ist wirklich auch ihr Glück
ein jeder findet sie zwar sonderbar
doch sie probiert's im nächsten Jahr

Menschenfutter

Der Krieg frisst Menschen
neunzig Prozent
sind für ihn Dosenfutter
acht Prozent
sind für ihn Lebendfutter
zwei Prozent
das sind Du und Ich
vielleicht sind wir
ungenießbar

Früher war alles anders

Früher war die Welt
auch nicht in ONRUDNG
nur unsere Art zu lesen
war anders

Your Body Is a Wonderland

Kein schöner Land
in dieser Zeit
als Dein Körper
weit und breit
für mich
ist er ein Wunderland
darin verirrt sich
mein Verstand
ein Land aus Samt
und Sonnenlicht
mit kühnen Wipfeln
zarter Gischt
und Schatten
in den warmen Mulden
ich kann mich nun
nicht mehr gedulden
dass wir uns hier
in diesem Tal
noch treffen
so viel hundertmal

Nachtspaziergang

Schwarzer Fluß die Straße
mein Gesicht
ein einsamer Fisch

Liebesbeweis

Ich dachte weil ich sie liebe
schenke ich ihr ein Gedicht
doch so ein cooler Typ von Frau
versteht das einfach nicht
deshalb zerkrüm'le ich meine Worte
und streue sie wie Saat
zu ihren Füßen aus
und hoffe wenn das Eis
um sie geschmolzen ist
werden vielleicht Rosen daraus

Trotzdem

Die Augen schließen
und Dich trotzdem sehen
auf der Stelle treten
und trotzdem gehen
die Ohren verschließen
und Dich trotzdem hören
völlig frei sein
und Dir trotzdem gehören
mit harten Bandagen
trotzdem noch zart
das ist die Liebe
auf unsere Art

Auf dem Trödelmarkt

Erinnerungen
machen sich
auf Tapeziertischen breit
dazwischen suchend ich
war da eben nicht
so ein Spiegel
im kitschigen Goldrahmen
wie er zu Hause hing
als ich noch klein war
ich musste mich
auf die Zehenspitzen stellen
um mein Gesicht zu sehen
jetzt
schmerzt mein Rücken
wenn ich mich
über den Tapeziertisch beuge
um hinein zu schauen
aber siehe da
es ist ein Wunder geschehen
mein Kindergesicht ist noch drin
und lächelt mich an
bis ich endlich begreife
dass es das Gesicht
des Jungen ist
der neben mir steht
also doch kein Zauberspiegel
sage ich zu mir
und kaufe ihn trotzdem

seitdem gehe ich
auf jeden Trödelmarkt
und kaufe mir Stück für Stück
meine Kindheit zurück

Hafenmelodie

Träge schwappt das Wasser
grau-grün an die Mole
unter meinen Füßen singt
rau die Stimme einer Bohle
Taue züngeln wie Schlangen
über das Pflaster am Kai
dumpf tutend gleitet der Schatten
eines Ozeanriesen vorbei
um seine Flanken drängen sich
die Schlepper wie kleine Hunde
ihre Sirenen sprengen hart
der Fischerboote schläfrige Runde
die Kräne stelzen wie Spinnen
auf stählernen Beinen daher
hebeln aus den Bäuchen der Schiffe
Container vollgepackt und schwer
ein massiger Tanker aus Bahrain
schleift tief im Wasser den Bauch
hüllt einen Frachter aus Chile
in seinen beizenden Rauch
unter meinen Füßen singt
rau die Stimme einer Bohle
träge schwappt das Wasser
grau-grün an die Mole

Im Schneckenhaus

Wenn ich schreibe
fühle ich mich
wie eine Schnecke
die sich in ihr
enges Haus zurückzieht
sie lauscht nur dem Schlag
ihres eigenen Herzens
und hört nicht
das Rad der Zeit
das auf sie zurollt
um sie zu zermalmen

Smalltalk

Eigentlich
wissen Sie
gar nicht
was ich will
aber da ich
gut verstehe
dass Sie das
nicht verstehen
wissen wir
doch beide
was wir wollen

Der ganz normale Wahnsinn

Draußen
toben Feuersbrünste
Winde hobeln Berge ab
Wüsten frieren
Pole schwitzen
doch Deutschland
sucht den Superstar
und Bohlen speit
ein neues Buch
ich frag mich
tief im Innern drin
ergibt das alles
einen Sinn?

Pferde am Strand

Frühmorgens ging ich am Strand spazieren
die Sonne stieg triefend aus dem Meer
da jagte von Süden aus den Dünen
eine Herde wilder Pferde daher

Die stolzen Köpfe mit wehenden Mähnen
zur purpurnen Sonne emporgehoben
so kamen sie in breiter Front
dem Meere entgegengestoben

Ihre langgestreckten Leiber waren
wie aus kostbarer Bronze gegossen
während Sonnenstrahlen golden
über die bebenden Flanken flossen

So flogen sie schnaubend an mir vorbei
dicht zur braunen Flut gedrängt
und von goldenen Sonnenzügeln
den weiten Strand entlang gelenkt

Dicht am Wasser jagten sie dahin
flockiger Schaum von den Nüstern stob
während hinter ihnen ein Schleier aus Sand
sich langsam zum Himmel hob

Sehnsucht am Meer

Boote im Sand wie bunte Muscheln
über mir die Möwen tuscheln
ein rotes Segel treibt im Wind
der meine Träume mit sich nimmt
in schaumgefüllten Wellenkronen
wunderschöne Nixen wohnen
der Südwind singt ein leises Lied
das mich an fremde Küsten zieht
mein Handy klingelt hier am Strand
ich nehm' es wütend in die Hand
zurück holt mich das Alltagsleben
die Sehnsucht
kann ich nur den Möwen geben
die tragen sie weit übers Meer
den großen Schiffen hinterher

Immer wieder

Bunte Blüten überall
keimende Erinnerung
an die verwelkte Liebe
wenn ich sie berühre
zerfallen sie zu Staub

Seelenlandschaft

Unter mir
brüllende Lava
vor mir
weinendes Eis
hinter mir
heulender Sturm
in mir
flüsternde Angst
über mir
endloses Schweigen

Die Bedeutung des Regens

Irgendwo in Deutschland
schließt jemand seinen Schirm
und schüttelt den Regen ab
Irgendwo in Afrika
öffnet jemand seine Hände
und fängt den Regen ein

Mond überm Fluss

Weißt Du noch
als wir eng umschlungen
spazieren gingen
am nächtlichen Strom
die Sterne funkelnde Augen
im schwarzen Himmelsdom
auf dem Wasserspiegel
hat eine Mondscheinstraße geglänzt
und ein Frachter huschte darüber
wie ein Gespenst
Du hast Dich noch fester
in meine Arme geschmiegt
und der Wind hat ganz leise
die schlafenden Pappeln
am Ufer gewiegt

Wölfe
im Bayrischen Wald

Im schönen bayrischen Wald
werden junge Wölfe nicht alt
den Duft der Freiheit in der Nase
bedroht ihr nicht nur Fuchs und Hase
und um selbst nicht zu verrecken
müsst ihr ständig Euch verstecken
die Zeit des Lebens ist vorbei
für wilde Tiere wie Euch zwei
im Landratsamt hat man beschlossen
beim Sichten werdet ihr erschossen
und sind Beamte mal auf Spur
da schützt Euch auch nicht die Natur
Freiheit gilt nicht, seht das ein
beim Abhau'n wart ihr halt noch klein
jetzt sieht der Mensch Euch als Gefahr
weil das halt immer schon so war

Wölfe
im Bayrischen Wald
Nachruf

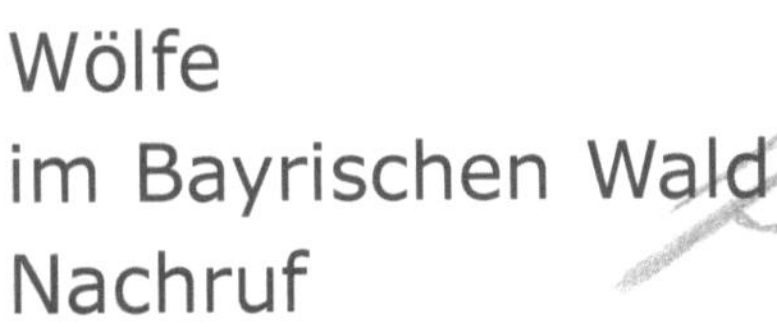

Im schönen bayrischen Wald
werden junge Wölfe nicht alt
ich hab's Euch dringlich doch gesagt
wer frei und wild ist wird gejagt
Ich hoffe nur
die Kugel hat Euch leidenlos getroffen
und Euer Fell wurd' nicht versoffen
kehrt in das Reich des Wolfs zurück
die Menschen brachten Euch kein Glück

Alisa

In Deinen Augen
seh' ich wahre Liebe blitzen
Du machst mich an, das spür' ich doch
auch wenn wir beide in der Sonne sitzen
ist in mir doch ein dunkles Loch
Du hast zu viele Schönheitsfehler
mit denen komm' ich nicht ganz klar
so liegen Deine klugen,braunen Augen
in Deinem flachen Köpfchen ziemlich tief
und zwei von Deinen Vorderzähnen
sind riesengroß und ziemlich schief
Wer hat schon eine schwarze Nase
und zeigt mir ständig seinen Bauch
frisst ungeniert auch aus 'ner Vase
und saufen meine Liebe, tust Du auch
und weil Du weiblich clever bist
nutzt Du mich manchmal aus mit List
Dafür verteidigst Du mich mit dem Leben
was kann ich Dir schon dafür geben
in Dir da schlägt ein riesengroßes Herz
das liebt mich ohne jeden Grund
- ich Dich doch auch -
mein kleiner Hund

Hunderecht

Der Hund ist rechtlich eine Sache
dass ich nicht lache
der Mensch ist justiziell ein Wesen
nur weil er reden kann und lesen
doch um Gefühle für den Hund zu haben
bedarf es einfach and'rer Gaben
auch Hunde leben voll und ganz
und sprechen einfach mit dem Schwanz
doch macht sie das niemals zu Wesen
denn die Justiz kann das
nicht hören und nicht lesen

Sommergewitter

Blitze spinnen Lichternetze
Wolken spenden donnernden Applaus
atemlose Stille folgt der Hetze
Schatten tanzen um mein Haus
Regen auf Asphalt verdampft
Farben kann ich plötzlich riechen
Konturen werden weich und sanft
Pärchen in den Häusernischen
verschmelzen innig mit der Wand
meine Seele geht spazieren
Sommer ist's in unserem Land

Hundstage

Träge mein Schritt
brauche einfach mehr Zeit
bin zu hektischen Taten
nicht mehr bereit
Eis klirrt im Glas
jeder Händedruck klebt
mein Dackel liegt flach
nur seine Flanke die bebt
schlaflos gefangen
in schwülwarmer Nacht
und doch hab' ich heute
schon glücklich gelacht

Sommerträume

Im Schattenreich
meiner Augenlider
baden Träume
in Pfützen aus Licht
doch will
ich sie fassen
dann krieg' ich sie nicht

Sommersonnentag mit Dir

Mädchen wirbeln durch die Straßen
Kleider bunten Blüten gleich
vor uns schlingt der weiche Rasen
grüne Arme um den Teich
Sonnenstücke sehe ich
in die Tiefe Deiner Augen sinken
meine Lippen wollen trinken
Sommerduft aus Deiner Haut

Abend im Park

Purpurnes Leuchten
am Himmel wie Glitter
mit goldenem Pinsel gemalt
das geschwungene Tor
mit Efeu im Gitter
feuriges Sonnenblut
tropft in der Tulpen Pokale
rinnt an den Stämmen
der Bäume hinab
in eine glühende Schale
ein Schleier aus Licht
den Leib der Esche umfängt
zerrissen vom Strahl der Fontäne
die als silberne Schnur
am dunklen Himmel hängt
schwarzer Samt
bedeckt das ermüdete Licht
die Bäume schlafen
doch in ihren Zweigen wacht
des Mondes bleiches Gesicht

Im Liebeswald

Ungeduld
plagt schmerzhaft lange
schmaler Pfad
wie eine Schlange
sich zwischen
Baumgestalten windet
uns vorwärts ziehend
dass die Lust
Erfüllung findet

Nur des Mondes
weiße Finger
weisen zitternd
uns den Weg
durch der Äste
wirre Schatten
führt uns nun
ein morscher Steg
zu des Mooses
weichen Matten

Die Stimme

Tom war Nachrichtensprecher beim Fernsehen und er hatte einen seltsamen Albtraum. Er träumte davon, dass er seine eigene Stimme nicht mehr ertragen konnte und vor ihr davonrannte. Sie war ein kanalisierter Fluss, eingesperrt in sich selbst. Sie plapperte und plapperte. Tom konnte es nicht mehr ertragen, sich so reden zu hören. „Hör' endlich auf!", wollte er schreien, aber aus seinem Mund kam kein Ton. Da fing er an zu rennen. So schnell er konnte, rannte er vor sich selbst davon, bis das Plappern hinter ihm endlich leiser wurde. Als Tom aufwachte, waren seine feuchten Hände in die Bettdecke verkrampft. Er rang nach Atem, als wäre er tatsächlich gerannt. Er schwitzte. Sein Kopf war ein Behälter, in den Beton gegossen wurde, der in jeden Hohlraum eindrang und die Gedanken erstickte. Als er sich endlich wieder im Griff hatte, schaute er auf die Uhr. Sieben! Um Neun musste er im Studio die ersten Nachrichten sprechen. Er wankte ins Bad. In seinem Gesicht herrschte Krieg. Verquollene Augen kämpften gegen zuckende Mundwinkel. Als er mit der Dusche dazwischen ging, beruhigten sie sich. „He Du!", sagte er laut zu seinem Spiegelbild „vergiss es ganz einfach!" Seine Hände rutschten vor Schreck am Waschbecken ab.

Das war nicht seine Stimme, das war die Stimme aus dem Traum. Sie hörte sich an, als würde sie nicht aus seinem Innern herauskommen, sondern von außen in ihn eindringen. Es war eine Stimme ohne Farbe, ohne Individualität, eine Fertigstimme. Unerträglich für Tom, aber er musste ins Studio. Wenn er schon seine Stimme nicht mehr hatte, wollte er wenigstens seinen Job behalten. Und das war nicht einfach. Millionen kannten seine Stimme. Für den Sender war sie eine Investition, für ihn selbst das Kapital seines Lebens. Wortlos stürmte er ins Studio, bekam den Schweißausbruch der längst fällig war und begann seine Nachrichten zu sprechen. Und oh Wunder, niemand schien seine veränderte Stimme zu bemerken. Das gab's doch nicht. Hörten die nicht richtig hin oder wütete diese Stimme nur in seinem Kopf um ihn zu terrorisieren. Tom hörte der Stimme in seinem Kopf zu. Ohne Höhen und ohne Tiefen, ohne Zittern und Anteilnahme transportierte sie menschliches Leid, menschliches Versagen und menschliche   Dumm-

heit, eben den Inhalt all' der täglichen Nachrichten. Plapperte über Katastrophen, töten und getötet werden, über Politik und Korruption und während Millionen seine Mundbewegungen beobachteten, begriff Tom plötzlich, dass er selbst das Opfer seiner Routine geworden war.

Jahrelang dieser Job des täglichen Nachrichtenverlesens, das Abschalten von Gefühlen, das Stumpfwerden an Worten, dafür einfach nur die Konzentration auf das was vorgegeben war. Deshalb hatte diese neue, schreckliche Stimme seine alte Stimme verdrängt. Sie schützte seinen Kopf, weil sie identisch war mit der Welt, die er alltäglich zu verkünden hatte. Eigentlich musste er dankbar sein für den Selbstschutz durch seine neue Stimme. Sie bewahrte ihn schlichtweg vor dem Verrücktwerden. Seine Zuschauer und die Spezialisten draußen vor der Glasscheibe bekamen das nicht mit. Sein Toningenieur nahm die Kopfhörer ab und reckte den Daumen nach oben. „Alles klar!" hieß das für Tom. Aber von nun an würden er und seine neue Stimme in seinem Kopf zusammen leben müssen. So wie ein Ehepaar, das sich eigentlich hasst, sich aber keine Einzelwohnungen leisten kann.

Liebe nach Zeit

Zerwühltes Bett
schweißnasse Laken
sind stumme Zeugen dessen
was im Motel geschah
es war nicht Zufall
meinen Kopf zu beugen
als ich Dir in die Augen sah
die Liebe nach Zeit
erschien mir
wie das fleckige Handtuch
das über der Stuhllehne hing
die Sonne
ein schmieriger Zuhälter
der auf der Fensterbank
spazieren ging
wir hinterließen einfach
unsere Illusionen
wie alte Lumpen in einem Sack
wir sagten nur tschau
und von der Liebe
blieb uns im Mund
nur ein schaler Geschmack

Illusionen

Man sagt mir
meine Träume
sind nur Schäume
ein Schloss aus Wind
das ich bewohn'
verwehte Bilder
zerronnene Träume
ich lauf der Wahrheit
oft davon
mach' ich mich aber
auf die Socken
jag' meinen
Illusionen hinterher
lass' ich mich wieder
in die Falle locken
und das Erwachen
fällt mir schwer

Treibholz

Im ruhigen Fluss
meines Lebens
taucht plötzlich
Treibholz auf

Es steigt
aus dem Wrack
unserer
versunkenen Liebe
und wühlt
die trägen Fluten
meiner Gefühle auf

Ich finde
keinen Halt mehr
und treibe davon
ich fürchte
und hoffe
zurück zu Dir

Liebe in kalten Zeiten

Es ist nicht nur die Lust
wie einst
in liebestollen Tagen
als wir verschwitzt erhitzt
noch lange ineinander lagen
es ist die Wärme
der vertrauten Tiefen
die nicht nur
dem Verlangen nützt
sondern die uns auch
vor der Menschen Kälte
um uns schützt

Der Leuchtturm
und das Meer

Das Meer wirft sich
an seine stramme Brust
hat immerwährend
auf ihn Lust
schlingt weiche Wasserarme
ganz um ihn herum
der Leuchtturm blinzelt
still und stumm
will das Meer
wohl die Geliebte
eines Leuchtturms sein
oder bestürmt es ihn
mit Hass und Pein
wohl niemand
wird das je erfahren
denn dieses Spiel
läuft schon
seit Hunderten
von Jahren

Trauminsel

Mit Juwelen aus Licht
schmückt die Sonne
das Meer
flüsternder Wind
wiegt Fischerboote
in feuchte Träume
im Schatten einer Palme
ruht die Zeit
ich setze mich
neben sie

Fernweh

Ich steh' hoch oben auf der Klippe
zu meinen Füßen braust das Meer
in meinem Herzen
tobt die Macht des Windes
die Sehnsucht quält mich sehr

In meinen Augen spiegelt sich
das Licht der Schiffe
die draußen fahren groß und weiß
in meinen Adern kocht die Sonne
die Sehnsucht brennt noch mal so heiß

Ich bin nur für die See geboren
verdammt nun wie ein Fisch an Land
Ich lieb' das Meer das freie Leben
die grauen Städte hab' ich nicht gekannt

Das Licht der Schiffe wird zur Spur
im fahlen Licht der Sterne
und meine Augen folgen ihr
hinaus in unbekannte Ferne

Der Krieg der Gäste

Spähtrupps
schwärmen aus
besetzen Tische
für die Nachhut
aufgestützte Ellenbogen
und erhobene Messer
sichern das
Rippenspeergebirge
jeder isst gegen jeden
schattenhafte Kellner
schlichten
mit der Diplomatie
der Speisekarte
ein Sektkorken knallt
wie ein Schuss
Flambierfeuer züngelt auf
plötzlich durchbricht
ein Rülpser
das Stimmengestrüpp
hängt hallend
an der Eichendecke
und bröckelt auf die
Kämpfenden herab
Totenstille
irgendwer lacht
dann lachen alle
im Krieg der Gäste
herrscht
Waffenstillstand

Großstadtmorgen

Morgens
find' ich uns're Stadt am schönsten
wenn ich
durch die taufrischen Straßen geh'
jung ist ihr Gesicht wie das der Milchfrau
mit der ich plaudernd an der Ecke steh'
aus klappernden Türen treten Menschen
mit bröckelndem Schlaf in den Augen
und schwimmen in den dunklen Strom
den die Fabriken gierig in sich saugen
dafür spucken sie ihren schmutzigen Atem
der Stadt in das frische Gesicht
und hängen einen Schleier von Smog
vor das erwachende Sonnenlicht

Der alte Kahn

Schon Jahre liegt er hier verlassen
kein Schiffer mehr der an ihn denkt
kein Wind wird seine Segel brassen
tot ist die Hand die ihn gelenkt
das Wasser zärtlich ihn umschmeichelt
es singt ihm sein geliebtes Lied
ein Schwarm von Fischen eifrig
unter seinem Bauch vorüberzieht
der alte Kahn ist oft sehr traurig
dann spricht er knarrend mit der Sonne
sie streicht ihm tröstend
über seine morschen Planken
der Alte schaukelt sich vor Wonne
das Wasser ist dann nicht mehr brackig
die Wellen lauschen still und leise
der alte Schifferkahn erzählt
von seiner letzten großen Reise

Seelenspiegel

Ich schreibe
und sehe verwundert
auf die wirren Zeichen
die doch der Ausdruck
meines Lebens sind
ein Spiegel meiner Seele
den ich mir
vor das Gesicht halte
aber er ist beschlagen
vom Hauch
des Verborgenen
und ich
erkenne mich nicht

Etabliert

Als wir jung waren
haben wir demonstriert
als hätten wir
die Kugel schon im Lauf
aber dann
haben wir sie einfach
hinuntergeschluckt
und stehen
bei Demonstrationen
am Rand
mit unserem Kugelbauch

Terrorangst

Es nützt Dir nichts wenn Du schreist
denn Bomben haben keine Ohren
es nützt Dir nichts, wenn Deine Augen flehen
denn Bomben sind blind
Es nützt Dir nur
Deine Angst nicht zu zeigen
denn Bomben sind feige

Schlagen

Einer
haut dem anderen
ein's in die Fresse
Der
schlägt zurück
Beide
gehen zum Zahnarzt
Der
schlägt 500 % drauf
Das
nennt man
sich durchs
Leben schlagen

Das böse Wort

Ist mir einfach entflohen
das böse Wort
ich wollt' es noch fangen
da war es schon fort

Bei Dir sind sogleich
die Tränen gerollt
und ich habe meiner
Schnauze gegrollt

Seitdem habe ich
den Mund fest verschlossen
und bei Dir sind niemals mehr
Tränen geflossen

Doch verflucht
sei dieses böse Wort
denn ich bin da
und Du bist fort

Weiter gehen

Es ist nicht der Himmel
der über mir einstürzt
es ist nur das Gebäude
meiner Illusionen
dessen hohle Steine
über mir zusammenfallen
Ich stehe inmitten der Trümmer
aber der Wind
leckt den Staub von meinen Füßen
damit ich wieder
den Weg sehen kann

He Leute

So mancher von uns
hat die Hoffnung begraben
steht regungslos da
auf den Spaten gestützt
den Blick nach unten gerichtet
was hat uns der Glaube
ans Gute genützt
an was kann sich unsere
Seele noch laben
wenn Dummheit und Gier
alle Werte verschenkt
und uns jede Meldung des Tages
in Depressionen versenkt
so wächst unser innerer
Grabhügel weiter
und niemand stellt Blumen
der Hoffnung darauf

He Leute!!!

wann heben wir endlich
den Spaten
und graben uns selbst
wieder aus

Der Pfiff

„Ich glaube, Maxi muss mal", sagte der Mann mit Blick auf den kleinen schwarzen Hund, der im Fußraum des Autos heftig schnaufte. Seine Frau nickte.

„Da vorn ist ein Feldweg, da können wir ja mal halten!". Der schmale Weg führte direkt von der Landstraße in eine üppige Wiese. Der Mann und die Frau gingen ein Stück hinein, während der Hund erleichtert vor ihnen dahinschnüffelte. Alle drei genossen sichtlich den warmen Sonnentag. Ein gellender Pfiff durchbrach die Stille. Maxi blieb ruckartig stehen und schaute zurück. Aber weder Herrchen noch Frauchen hatten gepfiffen. Plötzlich wieder das Pfeifen.

Diesmal brach es nicht ab, sondern schwoll langsam und stetig an. „Was ist das?" fragte die Frau und blieb stehen. „Wird irgendwo eine Bahnlinie sein", vermutete ihr Mann. Das Geräusch wuchs. Es hörte sich tatsächlich an wie ein Zug, der mit hoher Geschwindigkeit aus dem fernen Grün des Horizontes heranstampfte. Auch Maxi war wieder stehengeblieben und spitzte die kleinen Ohren. Seine Schwanzspitze sackte im Zeitlupentempo nach unten.

Schwerfällig aber unaufhaltsam wie ein verwundeter Büffel kam das Geräusch näher. Die Luft stand still. Die Sonne schien unbeirrt und nirdendwo war ein Zug zu sehen. „Da sind doch auch gar keine Schienen", sagte der Mann und es klang, als müsse er sich selbst bestätigen, dass er nicht verrückt war. Auf der Landstraße fuhr ein Auto vorüber, aber es war kein Motorengeräusch zu hören. Lautlos wie ein Wasserläufer glitt es über die Straße, während das Stampfen weiter anschwoll. Der Mann und die Frau blieben stehen. Ihre Hände klammerten sich ineinander. Das Zuggeräusch schien jetzt nur noch wenige hundert Meter entfernt. Es pflanzte sich über die weite Fläche der Wiese fort und zog die Gesichter der Menschen mit. Auch der Hund stand unbeweglich, die Haare aufgerichtet als würde ein starker Magnet darübergehalten. „Maxi, bei Fuß!" krächzte der Mann...und dann schärfer: „Maxi hierher!"

Die Wiese wirkte wie ein Gemälde, eingerahmt vom blauen Himmel und einem Geräusch, das die ganze Luft zu füllen schien. Ein scharfer Windzug erfasste plötzlich die drei Gestalten. Er schnitt wie ein Messer durch die Luft und fegte die Grashalme zurück, die sich wie eine Schiene über die Wiese legten.

Zwei Spuren im Grün, die unaufhaltsam näherkamen. Dann ging alles blitzschnell. „Maxi, ich hab' doch...", die Stimme des Mannes erstarb und er starrte nur noch auf den Hund, der mit zuckender Nase in die Luft witterte. Das Geräusch war jetzt allbeherrschend. Die Menschen ahnten, was passieren musste, als die Grasschiene direkt auf den Hund zuschoss. Aber sie wollten es nicht glauben und konnten auch nichts mehr tun. Plötzlich wurde der Hund hochgerissen wie von einer unsichtbaren Faust gepackt. Dann schien der kleine Körper in der

Luft zu explodieren. Entsetzt klammerten sich die beiden Menschen aneinander und stemmten sich nun auch gegen den Wind, der über die Wiese fegte. Eigentlich war nichts für sie zu sehen, aber das übermächtige Geräusch malte ein Bild in ihre Fantasie, das den Geisterzug sichtbar werden ließ. Wie in einer Nebelwand donnerte er vorbei, eine pastellfarbene Silhouette und aus den geöffneten Abteilfenstern hingen die Oberkörper von Menschen wie flatternde Wäsche im Wind. Sie winkten dem Mann und der Frau zu. Die Erde bebte, die Grashalme legten sich nieder und zogen ihre Bahn weiter. Das Zuggeräusch wurde leiser, entschwand einfach über die Wiese wie es gekommen war. Totenstille kehrte ein. Nur die Sonne stach wie ein Scheinwerfer aus dem Himmel und beleuchtete unbarmherzig die Szene mit den traurigen Überresten des kleinen Hundes im Gras. Es dauerte lange, bis die beiden Menschen ihren Schock überwunden hatten und sich entschlossen, im nächsten Ort die Polizei zu benachrichtigen.

„Es ist nun schon der dritte Hund in diesem Jahr", sagte der diensthabende Beamte. „Eine reale Erklärung gibt es nicht. Nur eine Vermutung. Hier führte noch vor Jahrzehnten eine Eisenbahnlinie durch, die dann stillgelegt wurde. Und vor genau fünfzig Jahren geschah ein großes Unglück, bei dem mehrere Menschen ums Leben kamen. Auslöser dafür war die Tierliebe eines Lokführers. Nur weil ein kleiner Hund auf den Schienen stand, hatte er eine Notbremsung hingelegt, die den ganzen Zug entgleisen ließ". Die Frau fing an zu weinen. „Glauben Sie etwa an Übernatürliches?" fragte der Polizist leise. „Jetzt schon", sagte der Mann und nahm seine Frau in die Arme.

Herbststurm am Meer

Der Wind tobt
wie ein heulendes Rudel
von Wölfen über das Land
und gierige Wellenmäuler verschlingen
mit nassen Zungen den Strand
ihr salziger Geifer peitscht
die geduckten Rücken der Dünen
und zerrt an den Armen der Gräser
die trotzig noch auf ihrem Buckel grünen
am Firmament kämpfen Wolkenheere
gegen das blasse Tageslicht
und der Himmel bedeckt
mit einem schwarzen Schleier
sein weinendes Gesicht

Herbstmorgen

Nebelgestalten mit Sonnenaugen
tanzen im bunten Blättergewand
hauchen Eiswolken in den Tag

Märchen

Schwarzschattig
hockt der Vater auf der Ofenbank
der Kleine kuschelt sich
in seinen Arm
dort ist es wärmer
als am Kachelofen
Vater hat ein Märchen erzählt
von einem Wolf
der draußen unter der Laterne steht
er bleckt die Zähne
das Licht putzt sie weißer als den Schnee
ein Blutstropfen klebt daran
den Kleinen schaudert's wohlig
weiß er doch
dass es nur ein Märchen ist
Vater tastet nach dem Messer
in seinem Stiefelschaft
seine Finger vibrieren
heute gehen die Vorräte zu Ende
er weiß
dass sie hier droben eingeschlossen sind
morgen wird er hinausgehen
der Wolf
wird unter der Laterne
auf ihn warten
Eiszapfen klimpern in seinem Fell

Herbstlaub

Bunter Teppich
unter meinen Füßen
tanzende Schatten
auf kalkweißer Wand
ein goldenes Blatt
mit gespeicherter Sonne
wärmt mir
die frierende Hand

Novemberfrust

meine Seele
ein schwarzer Vogel
auf kahlem Lebensbaum

Gestern noch

Deine sonnenwarme Haut
wird unter meinen Händen kühl
die Strandburg täglich dran gebaut
von kalten Wogen weggespült
Gelatibuden schließen die Rollos
ein Boot am Ufer festgezurrt
es regnet Blätter von den Bäumen
ein Drachen unter Wolken schnurrt
was gestern war ist heut' im Wandel
und morgen ist der Himmel grau
doch Du schenkst Wärme mir im Winter
wenn ich Dir in die Augen schau

Waldnacht

Über flüsternde Tannen
legt sich schützend und sacht
der schwarze Mantel der Nacht
um dunkle Mächte zu bannen
Langsam verstummen die Tannen
ein Reh macht schläfrig die Augen zu
und legt sich im Moosbett leise zur Ruh'
Die Tannen schweigen
die Sterne sind leuchtende Löcher
im Mantel der Nacht
und der Mond der den Schlaf
des Waldes bewacht
fordert die Sterne zum Reigen

Eisenbahnromantik

Die letzte Strecke stillgelegt
Gras wächst über braune Schienen
hier hat sich vieles durchbewegt
jetzt summen leise nur die Bienen
die letzte Weiche umgelegt
blutroter Rost weint Eisentränen
hier hat sich vieles durchbewegt
das Manager nun unrentabel wähnen
die letzte Bahnhofstür geschlossen
hier hat sich vieles durchbewegt
der Chef vom Dienst hat sich erschossen
was die Entbehrlichkeit belegt

Novemberschlaf

Mein Zimmer gefüllt
mit flüssigem Blei
Mondfinger greifen
nach meinem Gesicht
Schattengestalten
huschen vorbei
die Träume gefrieren
in meinem Kopf
in Laken aus Nebel
versinke ich tief
mein Gott wie gut
ich im Sommer
doch schlief

Nacht

Blauschwarz
fließt sie weich in die Wälder
breitet sich lautlos aus
sinkt schwer
auf die Matten der Felder
rinnt dunkel hinab
am Haus

Zwei alte Bäume

Wir sind zwei alte Bäume du und ich
Arthritis hat das Astwerk angewinkelt
so mancher Typ uns an den Stamm gepinkelt
doch wenn die Sonne uns're tiefen Wunden
in morscher Rinde zart liebkost
dann steh'n wir astumschlungen eng beisammen
auch wenn der Herbststurm in den Wipfeln tost
zwei alte Bäume davon überzeugt
dass sie noch einmal Liebesfrüchte tragen
bevor des Winters Last sie beugt

Himmel

Du Glocke
aus blauem Glas
in der
nur der Wind
für mich singt

Allein im All

Ich schwebe durchs All
unter meinen Füßen
dehnt sich das Nichts
und doch ist mir
die samtene Tiefe lieber
als die starre Kälte
des Erdenbodens
in mein Haar
schütten die Sterne
ihren Goldstaub
und lassen mich vergessen
die Ungewissheit
der Füße

Partner

Sie
verbergen sich
hinter Prozentzahlen
man nennt sie auch
Anteile
sie haben Anteile
an Menschen
und ihrer Anteilnahme
darf man
sicher sein

Sarglage

Ich frage mich
warum unsere Verstorbenen
im Sarg immer aufs Kreuz
gelegt werden
das ist ihnen im Leben
doch oft genug passiert
könnte es nicht sein
dass unsere Verstorbenen
lieber auf dem Bauch
liegen möchten
schließlich haben sie
dem Leben
doch den Rücken gekehrt

Meinung

Ich bin rausgeflogen
weil ich meinem Chef
endlich gesagt habe
dass er ein
A...loch ist
dann bin ich
in meine Stammkneipe
und habe erzählt
wer mein Chef ist
Ach
dieses A...loch
ist das
haben alle gesagt
aber ich
konnte meine Zeche
nicht mehr zahlen

Ansichtssache

Wer
mit zwei offenen Augen
durch die Welt geht
sieht sie so wie sie ist
aber nicht so
wie er sie haben will

Wer
mit einem zugedrückten Auge
durch die Welt geht
sieht sie so wie er sie haben will
aber nicht so
wie sie ist

Papiertraum

Im Rinnstein liegt ein Blatt Papier
und wünscht sich so es wär' ein Tier

Null Problemo sagt der Wind
und hebt es auf geschwind

an der Mauer längs
hüpft es hoch wie eine Gäms
setzt sich dann ganz leise
auf einen Ast wie eine Meise
dreht sich dann ganz lange
im Kreise wie die Schlange
schaukelt träge hin und her
wie ein dicker alter Bär
stürzt aus der Luft heraus
wie ein Falke auf die Maus

-Autsch-
mit einem Purzelbaum
ist er aus der Traum

Im Rinnstein liegt ein Blatt Papier
und denkt ich bleibe lieber hier

Zukunft

Wir haben sie
sicherheitshalber
versichert
gesichert
sichergestellt
abgesichert
rückversichert
aber leider
noch nicht
gesichtet

Miss Winter

Kühle Schöne
mit funkelnden Augen
aus blauem Eis
Windgesang
in Deiner Halskette
aus Eiszapfen
Dein Herz
eine gefrorene Sonne
unter der duftigen Schärpe
aus Schneeflocken

Eiszeit

Mein Herz
gefangen in einem Eiszapfen
auf meinen Tränen
laufen Kinder Schlittschuhe

Schnee im Liebeswald

Zitternd steh'n wir eng umschlungen
vor den verschneiten grünen Matten
auf denen wir uns einst geliebt
und uns're Jahre sind nur Schatten
auf dem vereisten Lebensweg
nimm meine Hand und geb' mir Halt
denn jetzt liegt Schnee im Liebeswald

Schneeflocken

Eine davon
ist ein gefrorenes Herz
vom Himmel taumelnd
auf der Suche nach Liebe
fange es auf
denn in der Wärme
Deiner Hand
erwacht es vielleicht
zu neuem Leben

Der Tunnel

Das ständige Gepiepse von Marcos Gameboy ging seinem Vater auf die Nerven. Er klopfte nervös aufs Lenkrad. Dabei waren sie erst seit vier Stunden auf der Urlaubsreise und kurz vor dem neuen Tunnel, der die Strecke abkürzen sollte. Kostete zwar nicht wenig Gebühr, aber dafür waren sie schneller in Italien."Jungs, so'n Tunnel ist doch mal ,ne echte Abwechslung", sagte Sandra und drehte sich zu ihren Söhnen um. Vom Gameboy kam nur ein Brummgeräusch, der kleine Florian schniefte in seinem Kindersitz. Nach ein paar Minuten kam die Abzweigung und sie sahen den offenen Mund im Gesicht des Berges. Das grelle Sonnenlicht wurde wie von einem Messer gekappt als sie in den schwarzen Schlund eintauchten. Rainer schaltete das Licht ein. Die Fahrbahn war grell beleuchtet. „He, ich hab's geschafft", schrie Marco plötzlich. Triumphierend hob er den blökenden Gameboy hoch, in dem grüne Punkte herumgeisterten. Als seine Eltern wenig Regung zeigten an seinem Triumph teilzunehmen, schaute sich Marco um. „Wir sind ja in einem Tunnel", sagte er erstaunt. „Schnell gemerkt", erwiderte sein Vater sarkastisch, „ich hab's doch gewusst, dass Dich dieses Ding verblödet".

Ab und zu kam ihnen ein Auto entgegen. Marco mampfte konzentriert eine Schokotafel, kurbelte anschließend das Fenster herunter und warf die leere Packung hinaus. „Du spinnst wohl", sagte sein Vater scharf, „das nennt man Umweltverschmutzung heutzutage!" „Du wirfst doch auch immer Deine Kippen raus", maulte Marco. Wieder schwebten Scheinwerfer heran, blitzten auf und fielen zurück. „Wenig Verkehr", bemerkte Rainer „Vielleicht ist der neue Tunnel noch nicht so bekannt," meinte

Sandra. Das monotone Geräusch des Motors machte schläfrig. Ausser Rainer dösten alle. Er nahm den Fuß vom Gas. „Langsam wird es unheimlich" sagte er, „der Tunnel nimmt ja gar kein Ende. Der Wagen fuhr immer langsamer. „Du wirst doch nicht anhalten wollen", fuhr ihn Sandra an, „das ist doch viel zu gefährlich!". Während sie noch redete, kamen plötzlich wieder Scheinwerfer auf der Gegenseite heran.

Wie die glühenden Augen eines Ungeheuers glitten sie über die Tunnelwand. Als der Wagen auf gleicher Höhe war, sahen Rainer und Sandra zu ihm hinüber und erschraken. Das Auto sah aus wie auf dem Monitor eines Computers. Fluoszirierende Umrisse, die sich zu bewegen schienen.

„Kein Motorengeräusch, gar nichts", stammelte Rainer. Auch Sandras Augen hatten sich vergrößert, ungläubiges Erstaunen stand darin. „Das ist doch kein Tunnel mehr", vermutete Rainer „Ich komme mir vor wie auf einem Monitor, so als wenn uns jemand beobachtet". Er nahm den Fuß vom Gas und

der Wagen rollte langsam aus. Florian war eingeschlafen, Marco war nahe daran und der Gameboy war ihm aus der Hand gerutscht. „Ich steig jetzt mal aus", kündigte Rainer an, aber Sandra packte ihn am Arm. „Bitte tu das nicht!". Ihr Mann rang sich ein Lächeln ab. „Du hast zu viel Science fiction gelesen", sagte er und öffnete die Autotür. „Bitte nicht Rainer", sagte seine Frau scharf, aber sein Fuß schwebte schon über die Einstiegleiste.

Im Dunkel glänzte der Asphalt und seine Schuhspitze rieb darüber. „Ganz normal sagte er zu seiner Frau. Sie atmete tief durch, als er ganz ausstieg.

Die Tunnellichter verbreiteten einen milchigen Schleier. Er ging ums Auto herum auf einen schmalen Gehsteig. Seine Hand streckte sich nach der Tunnelwand. Sandra sah ihrem Mann zu wie er die Wand abtastete. Seine Finger erfassten grobporige Steine mit breiten Fugen. Er drückte dagegen.

Dann trat er noch mit dem Fuß dagegen. „Aua!", seine Reaktion zeigte, dass die Wand Realität war. Als er wieder um das Auto herumging um einzusteigen, tauchten auf der Gegenseite wieder Scheinwerfer auf. Wie angewurzelt blieb Rainer stehen. Ein Auto aus Licht fegte heran. Rainer stürzte ihm entgegen. „Nein!", hörte er seine Frau schreien. Die kleinen, runden Scheinwerfer sprangen ihn an. Eine Lichtkaskade überflutete ihn. Kein Schmerz, keine Berührung, kein Laut. Er stand wie betäubt inmitten des gleißenden Lichtzaubers, der davonflog und ihn im Dunkeln stehen ließ. Rainer betastete sich - keine Verletzung, keine Verbrennung, einfach nichts. Die Stimme seiner Frau holte ihn zurück. „Was war denn das?", fragte sie gedehnt.

„Keine Ahnung!", erwiderte Rainer. „Komm", sagte seine Frau bestimmt, „lass uns weiterfahren, bevor die Jungs wach werden!". Beide stiegen ein und fuhren im Tunnel weiter. Marco wurde als erster wach: „Mein Gott" brüllte er, „wir sind ja immer noch in dem blöden Tunnel!". Sein kleiner Bruder greinte, weil er versuchte, sich den Finger abzubeissen. „Jetzt sind wir gleich draußen", tröstete Sandra. Tatsächlich taumelte vor der Windschutzscheibe ein Lichtfleck der rasch größer wurde. Aber das Licht war ungewöhnlich, sah künstlich aus. Und plötzlich stülpte es sich wie eine Glocke über das Auto und vor den Augen der Insassen tat sich eine riesige Bühne auf. Aufsteigende Zuschauerreihen mit buntgekleideten Menschen wurden sichtbar. Rainer, Sandra, Marco und Florian stiegen nacheinander aus, weil ein braungebrannter, freundlich lächelnder Mann auf sie zukam. „Willkommen in meiner Show" begrüßte er sie.

„Aber wieso?", fragte Rainer verblüfft, „wir sind doch nur in den Tunnel gefahren, weil wir schneller nach Italien wollten". Der Showmaster lächelte und deutete auf einen riesigen Monitor. Der zeigte das Tunnelinnere, man sah die Autos und ihre Insassen. Auch Rainer und seine Familie waren dabei. Und der Monitor zeigte jetzt genau die Szene, als Marco die Schokoverpackung aus dem Fenster warf. Wie eine Taube flatterte sie aus dem Auto heraus und füllte den Monitor aus, bis er schwarz wurde. „Aha", sagte Rainer „in dieser Show werden wohl Umweltsünder bestraft, auch wenn sie noch so klein sind".

Der Showmaster nickte. „Ich hole alle hier runter, die droben die Umwelt verschmutzen." Er lächelte teuflisch. „Euer Platz ist jetzt da drüben", sagte er und deutete auf die Zuschauerreihen. Die waren jetzt nicht mehr bunt wie vorhin, sondern schwarz wie Scherenschnitte, umgeben von der Stille des Todes.

Nur in der Ferne hörte man das Motorengeräusch eines Autos, das rasch näher kam.

Dein Bild in mir

Die Sehnsucht
formt in mir
Dein Bildnis
ich seh' Dich vor mir
in der Nacht
Du liebst mich
wie in Wirklichkeit
am Morgen bin ich
dumpf erwacht
Dein Bild in mir
so endlos weit

Egoisten

Draußen
schwitzen Eisberge
und Wüsten frieren
Hauptsache
drinnen haben wir
unsere Klimaanlage

Zweierlei Tod

Eine Familie geht aus dem Haus
und will mal festlich essen gehen
da sieht sie vor dem Restaurant
einen großen Panzer stehen
sein Schussrohr zeigt direkt aufs Haus
da ist es mit der Essensfreude aus
die Familie zieht sich schnell zurück
den Tod zu seh'n das war ihr Glück

Eine Familie geht aus dem Haus
und will mal festlich essen gehen
kehrt ein setzt sich an einen Tisch
und freut sich auf den frischen Fisch
ihr Tischnachbar ein freundlich Wesen
ist nett als sei er immer so gewesen
dann fliegt er plötzlich in die Luft
und überall ist Blut und Pulverduft
Keiner konnt' dem Tod entgehen
denn niemand hatte ihn gesehen

Die Einsamkeit
der Bäume

Können Bäume einsam sein
fragt sich ein Mensch
und sagt sich nein
denn um einen Baum herum
steh'n hunderte
ob grad' ob krumm

Können Menschen einsam sein
fragt sich ein Baum
und sagt sich nein
denn um Menschen rundherum
ist meistens doch viel Publikum

Können beide einsam sein
frag' ich mich selbst
und sage nein
denn nur allein um mich herum
ist alles leer
und endlos stumm

Kalter Kaffee

Jetzt steh' ich da
die Kaffeetasse in der Hand
soeben hast Du mich verlassen
ich starre an die nackte Wand
ich könnte kotzen
aber Dich nicht hassen

Das Bild vom Kater
hast Du mitgenommen
er zehrte stets von uns'rer Liebe
der schwarze Teufel
hat das mitbekommen
und frönt nun
seinen eig'nen Trieben

In meiner Tasse
wird der Kaffee langsam kalt
so ging es doch auch Dir und mir
zuerst ganz jung, ganz heiss
und plötzlich nun
doch ziemlich lahm und alt

Jetzt steh' ich da
die Kaffeetasse in der Hand
ich wollt' Dich so nicht gehen lassen
ich werf ' sie wütend an die Wand
ich werde heulen
aber Dich nicht hassen

Tränenregen

Noch verbrennt
der Hass
die Saat des Friedens
und auf den Feldern
der Hoffnung
verdorren die Gefühle
es wird lange dauern
bis sich
die Tränen der Völker
in rettenden Regen
verwandeln

Ende der Eiszeit

Sonnentiere
erklimmen die Felsen
der einsamen Insel
im eisigen Meer
erstarrter Gefühle
doch plötzlich
fangen Steine an
zu blühen

Winterliebe

Frostiger Atem
weist Euch den Weg
in stahlblaue Höhen
Eure glühenden Herzen
tauen Eiskristalle
zu Liebesschwüren

In der Unbeflecktheit
schneeweißer Laken
verschmelzt Ihr
miteinander
und hinter Euch
verwehen alle Spuren

Ihr habt die Stille
ewiger Liebe gesucht
doch schon im Frühjahr
wird man Euch finden

Ich bin der Winter

In den Adern
eisbedeckter Bäche
klirrt mein Blut
in meinem Kopf
erhitzen sich Gedanken
lassen den Eiskäfig schmelzen
der mich gefangen hält
ich bin zwar der Winter
aber ich werde auch
der Frühling sein
der mich befreit

Nikolaustag

Von drauss' vom Walde komm' ich her
vor euren Städten graust mir sehr
denn überall in den Mauerritzen
seh' ich Neid und Missgunst sitzen
Knecht Rupprecht hab' ich mir gesagt
hier freut sich keiner mehr am Tag
und nur weil jetzt die Weihnachtszeit
sind alle ausnahmsweis' bereit
zu tun als würden sie sich freuen
und ihren Alltagstrott bereuen
doch dieses Heucheln find ich gar nicht toll
hab auf gut Deutsch die Schnauze voll
schau' grimmig hoch zu Tannenspitzen
auf denen keine Lichtlein blitzen
selbst Christkind spricht
bleib hier mit Gott meiner treuer Knecht
die Menschen sind doch nicht mehr echt
bleib' hier in Deinem stillen Wald
die Welt ist doch nur laut und kalt
die einzig Ehrlichen die lieben Kleinen
die werden bald schon um Dich weinen

Schlaflos

Ich liege wach und zähle Schäfchen
...1...2...3...
und wäre immer noch dabei
bis mir bei Tausend eingefallen ist
dass dieses Zählen sich nicht lohnt
denn Schafe werden ja geklont

Lichter in mir

Es gibt Momente
da glimmt ein Funke in mir
und ich denke
ich sollte etwas unternehmen
gegen all das Schlechte
in der Welt

Es gibt Momente
da brennt eine Flamme in mir
und ich fühle
dass ich etwas unternehmen werde
irgendwann

Es gibt Momente
da lodert ein Feuer in mir
und ich spüre
dass ich etwas unternehmen muss
vielleicht morgen

Es gibt Momente
da explodiert ein Vulkan in mir
und ich weiß dass ich etwas unternehme
noch heute

Es gibt Momente
da ist es dunkel in mir
und alle Lichter sind erloschen
weil ich wieder nichts
unternommen habe

Tunnel der Liebe

Komm' ich nicht raus, fahr ich nicht rein
sagt sich ein jeder
der vor einem Tunnel steht
und doch empfind' ich das als Pein
weil sich mein Sinn nur noch
um Deinen Körper dreht
und der ist ein Gebirg'
aus Samt und Sonnenlicht
mit kühnen Wipfeln, tiefen Mulden
soll ich mich ewig denn gedulden
selbst wenn am Tunnelende
mich kein Licht begrüßt
die Reise dorthin
wird uns tausendfach versüßt
mir ist's egal
ob dies ein Tunnel ohne Wiederkehr
ich will die Fahrt in Dich
denn unser Glück verlangt nach mehr

Wer wird Millionär?

Indem Du Deinen Geist ausschaltest
im Kopf die Kohle nur verwaltest
das Geld liegt auf der Straße rum
und wer's nicht sieht ist einfach dumm
die wahre Schule ist das Leben
vergiss das Lernen und das Streben
gib' Gas und fahr' im Kreis herum
sing' blöde Songs und bleib' nie stumm
jag' einfach knallhart nach dem Ball
tritt' noch mal nach bei Gegners Fall
dresch' kleine Bällchen übers Netz
sei stets dabei bei Medienhetz
denn Werte sind doch schnurzegal
und ist der Beigeschmack auch schal
wenn Du Millionen machen willst
ist's gut, wenn Du Dein Ego killst

Der Regentropfenzwerg

Wenn so ein kleiner Regentropfenzwerg
zum Umweltsündenrächer sich mutiert
und seine rohe Kraft am Deich probiert
bis der die Wassermassen nicht mehr hält
desillusioniert er uns're heile Welt

Lyrik

Worte
tropfen wie Wachs
in die zerbrechliche Schale
in den klobigen Händen
der Zeit

Selbstfindung

Ich öffnete mich
und trat
aus meinem Körper
wie durch eine Tür
dann drehte ich mich um
und sah zu mir zurück
der Kerl
der dort stand
war eine leere Hülle
aber
er sah aus wie ich
wir standen uns
fremd gegenüber
bis ich endlich
auf ihn zuging
um ihn
kennenzulernen

Weg in die Nacht

Mit moosgrünen Armen tastet er sacht
sich durch die flüsternden Bäume
und führt uns zur samtenen Blüte der Nacht
der Erfüllung verbotener Träume
ich fühl' an der Schulter Dein heißes Gesicht
vom Mond erhellt ein schönes Bild
aber ich weiß es ist nur ein falsches Licht
schon morgen vom Mantel des Dunkel umhüllt

Ein Tag am Meer

Eisblauer Morgen ein klarer Kristall
liegt funkelnd in mächtiger Hand
erwärmend und glühend ein Feuerball
wirft Bündel aus Licht übers Land
blendend der Tag im Sonnenlicht
die Möwen schreiend über mir
ein wilder kreisender zärtlicher Tanz
fliegende Boten von mir zu Dir
goldener Glitter überflutet die Muschel
zerrinnt im dampfenden Sand
der Möwen schläfrig leises Getuschel
im gischtumrahmten silbernen Band
die Nacht eine Hülle aus dunkeler Seide
ich fass' behutsam Deine Hand
geboren, versunken in endloser Weite
der Fuß weckt schlafenden Strand

Tod in der City

Menschen in den Straßen
sprechen, lachen, streben
Sonne scheint, wie herrlich
ist es doch zu leben

krachen, knirschen,
splittern, schrei'n
ein Mensch auf der Straße
blutend, allein

Passanten rennen
gucken sehen
dicht gedrängt
im Kreise stehen

Menschenmassen gaffen
Auto stark verbeult
in der Ferne schon
Krankenwagen heult

Sanitäter rennen
Krankenbahre rüttelt
Notarzt ernst und stumm
nur den Kopf geschüttelt

Menschenmassen sich verlaufen
sprechen, lachen, streben
Sonne scheint, wie herrlich
ist es doch zu leben

Die Wolkenspinne

Die dunkle Wolke dort am Himmel
muss eine Riesenspinne sein
mit ihrem Netz aus Regenfäden
webt sie die bunte Landschaft ein

Berge, Seen, Wälder, Städte
sind in dem grauen Netz gefangen
derweil ich droben seh'
die Wolkenspinne
mit schwarzen Armen
nach der Sonne langen

Doch dann durchbohren Sonnenstrahlen
die Wolkenspinne wie feurige Lanzen
ihr Körper verbrennt
in brennenden Qualen
und funkelnde Lichter zur Erde tanzen

Zerrissen ist das Netz der Wolkenspinne
still ist es nach des Kampfes wogen
die Sonne setzt als Siegeszeichen
einen strahlenden Regenbogen

Hafenkneipe

He Du
geh' nicht in diese Kneipe
deinen Anzug sieht man hier nicht gern
durch diese blinde Fensterscheibe
flog schon so mancher von Euch Herr'n
und die sich dort verschlungen küssen
sind auch nicht Schwester oder Bruder
es sind Matrosen die nach draußen müssen
und freche kleine Straßenluder
auch die Getränke Nepp und scharf
hier kriegst Du keinen Moselwein
und der mit seinem Bierglas warf
scheint auch kein Gentleman zu sein
He Du
bleib' fern von dieser Kneipe
geh' Deinen Weg ganz schnell zurück
versuch' doch ein Gedicht zu schreiben
von Hafencharme und Seemannsglück

Tod eines Einsiedlers

Gebt ihm
einen Platz weit draußen
unter dem alten Baum
denn dort in grüner Stille
war seines Lebens Raum

Gebt ihm
eine Vogelfeder mit
auf seine erste letzte Reise
nur Vögel hatte er als Freunde
sie redeten mit ihm
auf ihre Weise

Lasst ihm seine bunten Fetzen
zerstört nicht seinen schönen Traum
lasst ihn in Frieden
denn er ist glücklich
dort unterm alten Baum

Ausverkauf

Leute heut' ist Ausverkauf
des Lebens Werte gibts zuhauf
drum hier ein Posten zarter Seelen
wer keine hat, der kaufe ein
,ne Seele darf doch nirgends fehlen
drum kann's auch 'ne gebrauchte sein
was schöne Dame suchen Sie
ach so die echte wahre Liebe
natürlich haben wir auch die
für teures Geld die schönsten Triebe
und Sie Herr mit dem dicken Bauch
Sie wollen endlich ein Gewissen
wir haben ein ganz reines hier
es ist noch gänzlich unverschlissen
Leute heut' ist Ausverkauf
wir schließen gleich den Laden
Moral in Tüten oder eine Prise Seligkeit
und hier fünf Meter Angst in Raten